Thich Nhat Hanh (1926–2022), in Vietnam geboren, ist als buddhistischer Lehrer, Friedensaktivist, Dichter und Vertreter eines engagierten Buddhismus weit über buddhistische Kreise hinaus bekannt geworden. 1967 schlug Martin Luther King jr. ihn für den Friedensnobelpreis vor. Mehr als siebzig Jahre lang lehrte Thich Nhat Hanh Achtsamkeit und inspirierte Millionen von Menschen durch seine Präsenz. Seine Fähigkeit, Menschen im Westen Buddhismus, Meditation und Achtsamkeit nahezubringen, war einzigartig. Im Exil in Frankreich gründete er 1982 in der Nähe von Bordeaux das bekannte Kloster Plum Village, mittlerweile gibt es weltweit über tausend Praxiszentren und Klöster.

www.eiab.eu
www.plumvillage.org

THICH NHAT HANH

EINFACH LÄCHELN

Aus dem amerikanischen Englisch
von Ursula Richard

O.W. BARTH

Die amerikanische Originalausgabe erschien 2023
unter dem Titel »How to Smile« bei
Parallax Press, Berkeley, California.

Besuchen Sie uns im Internet:
www.ow-barth.de

FSC www.fsc.org
MIX
Papier | Fördert gute Waldnutzung
FSC® C083411

Deutsche Erstausgabe September 2024

Redaktion: Martina Darga
Mit 23 Illustrationen von Jason DeAntonis
Covergestaltung: ZERO Werbeagentur GmbH, München,
nach einem Entwurf von Debbie Berne
Coverabbildung: Jason DeAntonis
Satz und Layout: Adobe InDesign im Verlag
Druck und Bindung: CPI books GmbH, Leck
ISBN 978-3-426-28499-5

2 4 5 3 1

INHALT

In uns ist eine Lampe,
die Lampe der Achtsamkeit,
Jederzeit können wir sie entzünden.
Unser Atem, unsere Schritte und unser friedvolles Lächeln
sind das Öl für diese Lampe.

ÜBER DAS LÄCHELN

Wenn wir in unserem täglichen Leben lächeln,
wenn wir friedlich und glücklich sein können,
profitieren nicht nur wir davon,
sondern alle anderen auch.
Dies ist grundlegende Friedensarbeit.

Ein Lächeln entspannt Hunderte von Muskeln in unserem Gesicht und es beruhigt das Nervensystem. Durch ein Lächeln werden wir zum Meister unserer selbst.

Die Essenz unserer Praxis besteht darin, dass wir Leiden in Glück verwandeln. Grundlegend dafür ist, achtsam für die erfrischenden, schönen Dinge im gegenwärtigen Moment zu sein.

Das Leben ist voller Leiden, aber auch voller Wunder, wie dem blauen Himmel, dem Sonnenschein und den Augen eines Babys. Zu leiden ist nicht genug. Wir müssen auch in Kontakt mit den Wundern des Lebens sein. Sie sind in uns und um uns herum, überall und zu jeder Zeit.

ERKENNEN UND ANNEHMEN

Wenn wir unseren Schmerz erkennen und akzeptieren können, ohne vor ihm wegzulaufen, entdecken wir, dass obgleich der Schmerz besteht, gleichzeitig auch Freude da sein kann.

UNSERE SOUVERÄNITÄT ZURÜCKGEWINNEN

Während der Gehmeditation, der Sitzmeditation, der Küchen- und Gartenarbeit, den ganzen Tag lang können wir uns darin üben zu lächeln. Anfangs fällt uns das vielleicht schwer, und wir sollten ergründen, warum das so ist.

Oft lassen wir uns von den Ereignissen mitreißen und verlieren uns damit selbst. Ein Lächeln kann uns helfen, unsere Souveränität, unsere Freiheit als Mensch wiederzuerlangen. Zu lächeln bedeutet, dass wir wir selbst sind, dass wir uns nicht weiter in Unachtsamkeit verlieren.

DIE KUNST DES GLÜCKS UND DES LEIDENS

Um unser Glück genießen zu können, ist es nicht erforderlich, dass es kein Leiden in unserem Leben mehr gibt. Tatsächlich liegt die Kunst des Glücks auch darin zu wissen, wie man auf gute Weise leidet. Wenn wir lernen, unser Leiden anzuerkennen, anzunehmen und zu verstehen, leiden wir viel weniger. Wir können von unserem Leiden lernen und es in Verständnis, Mitgefühl und Freude für uns selbst und andere umwandeln.

UNSER LEIDEN IST DER KOMPOST

Als Menschen sollten wir fähig sein, sowohl mit Leid als auch mit Glück umzugehen. Leid wie Glück sind organischer Natur, sie verändern sich ständig und sind vergänglich. Eine Blume wird, wenn sie verwelkt, zum Kompost. Unser Leiden ist der Kompost, aus dem dann die Blumen des Glücks wachsen können. Wir müssen lernen, mit unserem Leid so umzugehen wie der Biogärtner mit dem Kompost.

DIE PRAXIS DES LÄCHELNS

Es gibt Hunderte von Muskeln in unserem Gesicht, und jedes Mal, wenn wir ein- und ausatmen und lächeln, löst sich die Spannung. Das ist Entspannung. Warum aber sollten wir lächeln, wenn uns gar nicht danach zumute ist, wir gar keine Freude empfinden. Wir brauchen nicht unbedingt Freude, um zu lächeln; wir können Mund-Yoga üben und werden uns sofort erleichtert fühlen. Manchmal ist Freude die Ursache für unser Lächeln, manchmal ist unser Lächeln die Ursache für unsere Freude. Warum sollten wir das unterscheiden? Wir sollten, wo auch immer wir sind, achtsames Ein- und Ausatmen üben. Mit der Zeit werden wir so zur Ruhe kommen und unser Lächeln wird echt sein. Wenn wir Frieden praktizieren und in der Lage sind, zu lächeln, wird unser Frieden das ganze Universum beeinflussen.

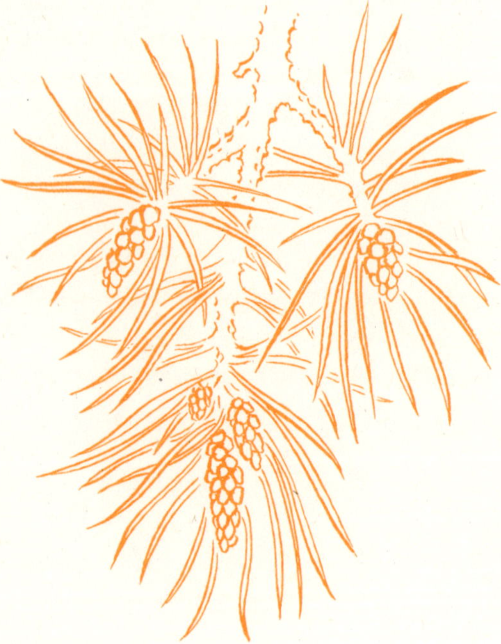

BERGKIEFER

Es gibt Kiefern, die an Berghängen in nährstoffarmer Erde wachsen, wo es nur wenig Unterstützung für das Keimen und Wachsen eines Samens gibt. Deswegen muss sich die Kiefer tief in die Erde verwurzeln und sehr stark werden, so dass sie bei Sturm nicht umstürzt. Wenn die Kiefer bei ihrem Wachstum nur günstige Bedingungen vorfände, würde sie sich vielleicht nicht so tief und fest in die Erde verwurzeln und bei starkem Sturm leicht entwurzelt. Manchmal können uns gerade Hindernisse und Schwierigkeiten zum Erfolg verhelfen.

BLÜHEN WIE EINE BLUME

Wenn wir Wut, Angst oder Aufregung in uns spüren, müssen wir diese Gefühle nicht loswerden wollen. Wir müssen nur bewusst ein- und ausatmen und das jeweilige Gefühl mit Achtsamkeit umarmen. Das allein genügt, um den Sturm zu beruhigen. Achtsamkeit ist wie die Morgensonne, deren Strahlen auf eine Blüte fallen, die sich über Nacht geschlossen hat. Die Sonne umarmt die Blüte und durchdringt sie, und die Blüte öffnet sich langsam. Darin liegt keinerlei Anstrengung. Wir sollten nicht auf einen Sturm warten, bevor wir mit der Praxis beginnen. Wenn es uns gut geht, werden wir uns durch bewusstes Atmen ganz wunderbar fühlen. So bereiten wir uns am besten darauf vor, mit zukünftigen Problemen umzugehen.

DEN ZWEITEN PFEIL ABWEHREN

Wenn uns ein Pfeil trifft, erfahren wir Schmerz. Trifft uns ein zweiter Pfeil an der gleichen Stelle, wird sich der Schmerz um ein Vielfaches vergrößern. Die unliebsamen Dinge, denen wir im Leben begegnen, sind der erste Pfeil; sie verursachen einen gewissen Schmerz. Der zweite Pfeil ist unsere Reaktion, durch die wir das Leiden vergrößern. Wir können das Abfeuern des zweiten Pfeils verhindern, indem wir für das tatsächliche Leiden einfach präsent bleiben. Dann erkennen wir, dass es immer noch Dinge gibt, für die wir dankbar sein können, dass es immer noch Dinge gibt, die nicht schieflaufen. Glück ist sofort möglich, auch wenn nicht alles perfekt ist.

WIR KÖNNEN DAS PROGRAMM WÄHLEN

Eine Freundin fragte mich einmal: »Wie kann ich mich zwingen zu lächeln, wenn ich voller Kummer bin? Das ist doch unnatürlich.« Ich sagte ihr, sie müsse in der Lage sein, über ihren Kummer zu lächeln, denn wir sind mehr als unser Kummer. Ein Mensch ist wie ein Fernsehgerät mit Tausenden von Programmen. Wenn wir Gewahrsein einschalten, sind wir Gewahrsein. Wenn wir Kummer einschalten, sind wir Kummer. Wenn wir Lächeln einschalten, sind wir wirklich das Lächeln. Wir sollten nicht zulassen, dass uns nur ein Programm dominiert. In uns sind die Samen von allem.

DIE SAAT DES ERWACHENS

Kinder können oft sehen, dass in jedem Menschen die Fähigkeit steckt, zu erwachen, zu verstehen und zu lieben. Erwachen bedeutet, dessen gewahr zu sein, was im Körper, in den Gefühlen, in den Wahrnehmungen und in der Welt vor sich geht. Unsere erwachte Natur drückt sich in unserer Fähigkeit aus, zu verstehen und zu lieben. Da der Samen des Erwachens in uns steckt, sollten wir ihm eine Chance geben. Lächeln ist sehr wichtig. Wenn wir nicht in der Lage sind, zu lächeln, dann wird es in der Welt keinen Frieden geben. Wir können für den Frieden nicht nur dadurch eintreten, dass wir zu einer Demonstration gehen. Mit unserer Fähigkeit, zu lächeln, zu atmen und Frieden zu sein, können wir Frieden schaffen.

DAS LÄCHELN DES BUDDHA

Als junger Novize konnte ich nicht verstehen, warum der Buddha ein so schönes Lächeln hat, obwohl die Welt doch so voller Leiden ist. Warum beunruhigte ihn all das Leid nicht? Später erkannte ich, dass der Buddha über genügend Verstehen, Ruhe und Stärke verfügte und er vom Leiden deshalb nicht überwältigt werden konnte. Er vermag dem Leiden zuzulächeln, denn er weiß, wie man sich um das Leiden kümmert und es transformiert. Wir müssen des Leidens gewahr sein, aber gleichzeitig unsere Klarheit, Ruhe und Stärke bewahren, damit wir helfen können, die Situation zu verändern. Wenn wir Mitgefühl haben, können wir nicht im Ozean der Tränen ertrinken. So ist es dem Buddha möglich zu lächeln.

MEDITATION IST ACHTSAMKEIT

Meditation bedeutet, sich dessen bewusst zu sein, was vor sich geht – in unserem Körper, in unseren Gefühlen, in unserem Geist und in der Welt. Tagtäglich sterben Tausende Kinder an Unterernährung; Pflanzen- und Tierarten sterben aus; und die Atommächte haben genügend Waffen, um uns um ein Vielfaches zu vernichten. Und doch ist der Sonnenaufgang wunderschön, und die Rose, die heute Morgen an der Mauer erblüht ist, ist ein Wunder. Das Leben ist sowohl furchtbar als auch wunderbar. Meditation zu praktizieren bedeutet, mit beiden Aspekten in Berührung zu kommen. Uns muss bei der Meditation nicht ernst und feierlich zumute sein. Um gut zu meditieren, müssen wir sogar viel lächeln.

UNSER DENKEN ZUR RUHE BRINGEN

Während wir in der Meditation unseren Atem bewusst wahrnehmen, verlangsamt sich unser Denken, und wir gönnen uns eine echte Pause. Die meiste Zeit über denken wir zu viel. Achtsames Atmen hilft uns, ruhig, entspannt und friedlich zu sein. Es hilft uns, uns nicht mehr von Sorgen über Vergangenes und Zukünftiges beherrschen zu lassen. Achtsames Atmen ermöglicht uns, mit dem Leben in Berührung zu kommen und zu erkennen, dass wir viel mehr Bedingungen für unser Glück haben, als uns gemeinhin bewusst ist.

FRIEDEN BERÜHREN

Wenn wir uns mit Gewahrsein, friedvoll, atmend und lächelnd in die Meditation begeben, dann sind wir unser wahres Selbst, wir sind Meister, Meisterinnen unserer selbst. Meditation zu praktizieren bedeutet, gewahr zu sein, zu lächeln, zu atmen. Die Freude, mit der wir die Meditation beginnen, ist vergleichbar mit der Freude, die wir empfinden, würden wir die geschäftige Stadt verlassen und aufs Land gehen, um unter einem Baum zu sitzen. Wir spüren, wie wir von Frieden und Freude erfüllt sind. Was für eine Erleichterung!

Wir können im Sitzen meditieren, was die größte Stabilität bietet, aber wir können auch meditieren, während wir gehen, liegen, stehen oder Dinge tun. Meditation kann sehr zwanglos sein.

DIE FREUDE AN DER MEDITATION

Bei jeder Sitz- oder Gehmeditation können wir uns mit der Freude meditativer Konzentration nähren, indem wir unseres Atmens gewahr werden, unseren Körper beruhigen und entspannen und die Bedingungen berühren, die uns im gegenwärtigen Moment Freude und Glück bringen. Meditation hilft uns, Frieden, Stabilität und Harmonie in unserem Körper wiederherzustellen, sodass wir weniger leiden und auf unserem spirituellen Weg Fortschritte machen können. Die Freude und das Glück der Meditation unterstützen uns auf unserem Übungsweg und geben uns die Kraft, schwierige Gefühle und Situationen tiefer zu betrachten.

EIN HALBLÄCHELN

Die winzige Knospe eines Lächelns auf unseren Lippen nährt das Gewahrsein und beruhigt uns auf wundersame Weise. Das gibt uns den Frieden zurück, den wir verloren zu haben glaubten. Unser Lächeln wird uns und den Menschen um uns herum Glück bringen. Selbst wenn wir viel Geld für Geschenke für unsere Familie ausgeben, könnte nichts, was wir kaufen, ihnen so viel Glück bringen wie das Geschenk unseres Gewahrseins, unseres Lächelns. Und dieses kostbare Geschenk kostet nichts.

Wenn ich jemanden lächeln sehe, weiß ich sofort, dass er oder sie in Gewahrsein verweilt. Wie viele Künstler haben sich bemüht, dieses Halblächeln auf die Lippen ihrer Statuen und Gemälde zu zaubern? Ich bin sicher, dass die Bildhauer und Malerinnen bei ihrer Arbeit das gleiche Lächeln auf den Lippen hatten. Kaum vorstellbar ist es, dass ein zorniger Bildhauer ein solches Lächeln schaffen könnte.

Das Lächeln der Mona Lisa ist ein ganz leichtes, es ist nur der Hauch eines Lächelns. Doch sogar ein solches Lächeln reicht aus, um alle Muskeln in unserem Gesicht zu entspannen und um alle Sorgen und Erschöpfung zu vertreiben.

BITTERMELONE

In Vietnam gibt es ein Gemüse, das Bittermelone genannt wird. Das chinesische Wort für bitter bedeutet auch Leiden. Wenn man es nicht gewohnt ist, Bittermelone zu essen, kann das durchaus leidvoll sein. Der traditionellen Medizin zufolge ist Bitteres aber gut für die Gesundheit. Manche Leute nennen sie auch »erfrischende Melone«, weil man sich nach dem Verzehr frisch und angenehm kühl fühlt – und sie schmeckt köstlich, auch wenn sie bitter ist.

Leiden ist bitter, und unsere natürliche Tendenz ist es, davor wegzulaufen. Unser Speicherbewusstsein, unser Unterbewusstsein, kann Verhaltensprogramme entwickeln, die uns dazu verhelfen, vor dem Leid wegzulaufen und uns nur dem zu nähern, was angenehm zu sein verspricht. Das hindert uns daran, das Gute im Leiden zu erkennen, die Heilung, die es mit sich bringen kann. Aber mit unserem Verstand wissen wir, dass das Leiden uns etwas lehren kann und dass wir keine Angst haben sollten. Wir sind bereit, ein wenig zu leiden, um zu lernen, wie wir wachsen und heilen können. Wir müssen unsere Intelligenz einsetzen. Wir nutzen unsere Konzentration, um Einsicht zu erlangen, um das Leiden zu transformieren und ein erleuchteter, ein freier Mensch zu werden.

MIT UNANGENEHMEN GEFÜHLEN UMGEHEN

Unsere Gefühle spielen eine wichtige Rolle dabei, wie wir wahrnehmen, denken und handeln. In uns schlummern schmerzhafte Gefühle, derer wir vielleicht nicht gewahr werden wollen, weil wir dann leiden würden. Atmen und lächeln wir bewusst, können wir mit unseren Gefühlen in Berührung kommen und sie akzeptieren. Wenn wir unseren unangenehmen Gefühlen mit Fürsorge, Zuneigung und Gewaltlosigkeit begegnen und sie achtsam wahrnehmen, können sie uns vieles erhellen und uns Einsicht und Verständnis für uns selbst und die Gesellschaft vermitteln.

Umarmen wir ein unangenehmes Gefühl und beruhigen es, tun wir dies auch für alle unsere Vorfahren und für künftige Generationen. Unser Leiden ist nicht nur eine individuelle Manifestation, sondern eine kollektive vieler Generationen und der Gesellschaft. Wir sind nicht allein dafür verantwortlich.

SICH UM DIE WUT KÜMMERN

Wut ist keine Feindin. Wir selbst sind sowohl Achtsamkeit als auch Wut. Unsere Praxis basiert auf der Einsicht der Nondualität. Achtsamkeit ist nicht dazu da, die Wut zu unterdrücken oder zu bekämpfen, sondern sie zu erkennen und sich um sie zu kümmern, wie ein älteres Geschwisterchen, das einem jüngeren hilft. Die Energie der Wut wird von der Energie der Achtsamkeit erkannt und zärtlich umarmt. Jedes Mal, wenn wir die Energie der Achtsamkeit brauchen, berühren wir einfach diesen Samen durch unser achtsames Atmen, unser achtsames Gehen und unser Lächeln, und schon haben wir die Energie für die Arbeit des Erkennens, des Umarmens, des tiefen Schauens und der Transformation. Der Samen der Achtsamkeit enthält den Samen der Konzentration. Mithilfe dieser beiden Energien können wir uns von Schwierigem, Leidhaftem befreien.

DAS HAUS IN FLAMMEN

Wenn unser Haus in Flammen steht, sollten wir sofort zurückkehren und das Feuer zu löschen versuchen und nicht hinter der Person herlaufen, die wir für die Brandstifterin halten. Wenn wir der Person hinterherlaufen, die wir verdächtigen, unser Haus in Brand gesetzt zu haben, wird das Haus abbrennen, während wir sie verfolgen. Das Klügste ist, zum Haus zurückzugehen und das Feuer zu löschen. Wenn wir wütend sind und weiter mit der anderen Person interagieren oder streiten oder versuchen, sie zu bestrafen, verhalten wir uns genau wie jemand, der dem Brandstifter hinterherläuft, während alles in Flammen aufgeht.

WAS IST UNSER BEITRAG?

Schmerz mag unvermeidbar sein. Aber ob wir leiden oder nicht, hängt von uns ab. Geburt, Alter und Krankheit sind natürliche Phänomene. Wenn wir uns entschieden haben, sie als Teil des Lebens zu akzeptieren, müssen wir nicht unter ihnen leiden. Wir können uns dafür entscheiden, nicht zu leiden, auch wenn wir Schmerzen haben oder krank sind. Wie wir das Leben und unsere spezielle Situation betrachten, hängt von unserer Sichtweise ab. Wenn wir tief in unser Leiden hineinschauen, können wir uns fragen, was wir dazu beitragen. Das bedeutet nicht, dass unser Leiden nicht real wäre, sondern nur, dass wir es vermindern können, anstatt es zu verstärken, und dass wir es sogar transformieren können.

GUTE SAMEN GIESSEN

Eine Möglichkeit, uns um unser Leiden zu kümmern, besteht darin, einen positiven Samen entgegengesetzter Art zum Aufgehen einzuladen. Wenn zum Beispiel die Saat der Arroganz aufgeht, können wir uns in der Achtsamkeit des Mitgefühls üben. Wenn wir das jeden Tag praktizieren, wird die Saat des Mitgefühls in uns stark werden und sich als eine kraftvolle Energiezone zeigen. Wir können selektiv die guten Samen gießen und die negativen Samen nicht gießen. Das bedeutet nicht, dass wir unser Leiden ignorieren; es bedeutet nur, dass wir den positiven Samen, die von Natur aus auch da sind, Aufmerksamkeit und Nahrung zukommen lassen. Wenn wir Schwierigkeiten in unseren Beziehungen haben, üben wir uns darin, die Blumen in uns selbst und in unseren Lieben zu gießen, und so können wir die Kommunikation wiederherstellen und das Glück wieder lebendig werden lassen, das wir vorher hatten.

IN KONTAKT MIT MUTTER ERDE

Die Erde zu berühren, den Boden mit unseren Händen zu spüren und zu gärtnern ist eine wunderbare, erholsame Tätigkeit. In einer Stadt lebend, haben wir vielleicht nicht viele Gelegenheiten, die Erde zu hacken, Gemüse anzupflanzen oder uns um Blumen zu kümmern. Aber wir können schauen, ob wir nicht trotzdem ein kleines Stück Gras oder Erde finden und es pflegen. Der Kontakt mit Mutter Erde ist eine wundervolle Möglichkeit, die eigene geistige Gesundheit zu erhalten.

Wenn wir uns der Großzügigkeit und Unterstützung der Erde und unserer tiefen Verbundenheit mit ihr bewusst sind, wird uns das zu einem angenehmen Gefühl verhelfen. Zu wissen, wie wir Momente der Freude und des Glücks schaffen können, ist für unsere Heilung entscheidend. Es ist wichtig, die Wunder des Lebens um uns herum zu sehen und die Bedingungen des Glücks zu erkennen, die bereits existieren.

NEUTRALE GEFÜHLE

Neutrale Gefühle sind Gefühle, die weder angenehm noch unangenehm sind. Durch Achtsamkeit kann ein so genanntes neutrales Gefühl zu einem angenehmen oder unangenehmen Gefühl werden; das hängt davon ab, wie wir damit umgehen. Wenn wir zum Beispiel Zahnschmerzen haben, wissen wir, dass es wunderbar wäre, keine Zahnschmerzen zu haben. Doch wenn wir keine Zahnschmerzen haben, sind wir trotzdem nicht glücklich. Keine Zahnschmerzen zu haben ist etwas sehr Angenehmes. Aber wenn wir uns unserer Nicht-Zahnschmerzen nicht bewusst sind, haben wir ein neutrales Gefühl. Wenn wir uns in Achtsamkeit üben und uns unserer Nicht-Zahnschmerzen bewusst werden, wird aus dem neutralen Gefühl ein positives Gefühl, ein Gefühl des Wohlbefindens.

NEUTRALE GEFÜHLE IN ANGENEHME GEFÜHLE VERWANDELN

Der Begriff »neutrales Gefühl« ist nicht ganz zutreffend, denn wenn wir der neutralen Gefühle voll gewahr sind, können sie zu der Art von angenehmen Gefühlen werden, die stärker und lang anhaltender zu sein vermögen als andere Arten von angenehmen Gefühlen. Ein gutes Essen oder lobende Worte zu hören löst normalerweise angenehme Gefühle aus; in Wut zu geraten oder Zahnschmerzen zu haben sind unangenehme Gefühle. Solche Art von Gefühlen treibt uns normalerweise um, und sie wehen uns hin und her wie der Wind die Wolken.

Unsere Gefühle von Frieden und Freude werden stabiler und dauerhafter sein, wenn wir die Quelle unserer neutralen Gefühle kennen. Die Essenz des Glücks sind ein Körper, der keine Schmerzen hat, und ein Herz und ein Geist, die nicht von Angst, Furcht oder Hass beherrscht werden. In der Meditation können wir zu einem stabilen Gefühl der Freude gelangen, indem wir die Stille des Körpers und die Klarheit des Geistes verwirklichen.

Wir lassen uns nicht mehr von den Höhen und Tiefen aus dem Gleichgewicht bringen und genießen unser Wohlbefinden.

WAS IN ORDNUNG IST

Wir müssen lernen, das zu berühren, was in Ordnung ist – in uns und um uns herum. Wenn wir mit unseren Augen, unserem Herzen, unserer Leber, unserer Atmung und unseren Nicht-Zahnschmerzen in Berührung kommen und dies wirklich genießen, sehen wir, dass die Bedingungen für Frieden und Glück bereits vorhanden sind. Wenn wir achtsam gehen und die Erde mit unseren Füßen berühren, wenn wir mit Freundinnen Tee trinken und den Tee und unsere Freundschaft berühren, werden wir Heilung erfahren, und wir können diese in die Gesellschaft tragen.

SITZEN IN RUHE UND GEBORGENHEIT

Durch Achtsamkeit werden wir uns des Leidens um uns herum bewusst. Es gibt viele, die nicht wie wir in Ruhe und Geborgenheit sitzen können, da sie ihres Lebens nicht sicher sein können. Was sie wollen, ist Frieden, ein Ende des Tötens, aber das gibt es für sie nicht. Viele von uns haben die Möglichkeit, in viel größerer Sicherheit zu sitzen, und wir leben in einer Situation, in der es diese Art von Leiden nicht gibt, aber wir scheinen das nicht wertzuschätzen. Achtsamkeit hilft uns, uns dessen gewahr zu werden, was um uns herum geschieht, und plötzlich wissen wir, wie wir die Bedingungen von Frieden und Glück, die im Hier und Jetzt vorhanden sind, schätzen können.

ENGAGIERTER BUDDHISMUS

Als ich in Vietnam lebte, wurden unsere Dörfer bombardiert. Zusammen mit meinen Brüdern und Schwestern stand ich vor der Frage, was wir tun sollten. Sollten wir weiter in unserem Kloster praktizieren oder sollten wir die Meditationshallen verlassen, um den Menschen zu helfen, die unter den Bomben litten? Nach reiflicher Überlegung beschlossen wir, beides zu tun – hinauszugehen und den Menschen zu helfen, und zwar in Achtsamkeit. Wir nannten es Engagierten Buddhismus. Achtsamkeit muss engagiert sein. Sobald es ein Sehen gibt, muss es ein Handeln geben. Was nützt uns sonst das Sehen? Mit Achtsamkeit werden wir wissen, was wir tun und was wir nicht tun müssen, um hilfreich zu sein. Wenn wir uns unseres Atems bewusst sind und uns weiterhin darin üben, auch in schwierigen Situationen zu lächeln, werden viele Menschen, Tiere und Pflanzen von unserer Art, die Dinge zu tun, profitieren.

WAHRNEHMUNGEN

Viele Menschen wollen zwar ihre schmerzhaften Gefühle loswerden, aber nicht die Überzeugungen und Sichtweisen, welche die Wurzeln ihrer Gefühle sind. Nachdem wir ein schmerzhaftes Gefühl erkannt haben, mit ihm eins geworden sind, es beruhigt und losgelassen haben, können wir tief in seine Ursachen hineinschauen: möglicherweise beruhen sie auf ungenauen Wahrnehmungen. Wenn wir die Ursachen und die Natur unserer Gefühle verstehen, werden sie sich zu wandeln beginnen. Nehmen wir eine Person oder ein Objekt falsch wahr, fühlen wir vielleicht Ärger, Enttäuschung oder Überdruss. Wir sollten uns daran erinnern, dass die meisten unserer Wahrnehmungen falsch sind. Volles Gewahrsein zu praktizieren bedeutet, tief zu schauen und über unsere ungenauen Wahrnehmungen hinauszugehen, um die wahre Natur von allem zu sehen.

FALSCHE WAHRNEHMUNGEN VERMEIDEN

Das Denken ist die Grundlage von allem. Es ist wichtig, dass wir uns jeden unserer Gedanken bewusst machen. Ohne einen Menschen oder eine Situation richtig zu verstehen, können unsere Gedanken irreführend sein und Verwirrung, Verzweiflung, Wut oder Hass erzeugen. Unsere wichtigste Aufgabe ist es, zu richtigen Einsichten zu gelangen. Wenn wir tief in die Natur des Interseins schauen, erkennen, dass alles mit allem zutiefst verbunden ist, werden wir damit aufhören, andere zu beschuldigen, uns zu streiten und zu töten, und wir werden mit allen Freundschaft schließen.

INTERSEIN

Unsere Ängste und Schwierigkeiten rühren von unserer Unfähigkeit her, die wahre Natur aller Phänomene zu erkennen. Wir sehen ihre äußere Erscheinung, aber wir versäumen es oft, ihre unbeständige und wechselseitig voneinander abhängige Natur zu erkennen. Alles durchdringt alles andere und besteht aus allem anderen. Alles *ist* alles andere. Kein Phänomen kann aus sich selbst heraus existieren. Alles steht in Wechselwirkung mit allem anderen. Alle Phänomene haben die Natur wechselseitiger Abhängigkeit.

SIND SIE SICHER?

Die wahre Bedeutung von »sein« ist *inter-sein*. Wir können nicht aus uns selbst heraus sein, wir sind zutiefst verbunden miteinander und durchdringen einander, wir sind inter mit allen und allem anderen. Das gilt für alles: die Blume, den Tisch, den Fluss. Wir können diese Einsicht durch unser tiefes Schauen berühren. Berühren wir die Wahrheit des Nicht-Selbst, sind wir frei. Wenn wir uns dagegen weiterhin von der Illusion eines Selbst besetzen lassen, werden wir auch künftig sehr leiden.

Wissenschaftlich gesprochen ist die Vorstellung eines Selbst, einer Entität, eine Illusion. Man sagt zum Beispiel, ich sei Vietnamese, aber ist das wirklich so? In meinem Fall habe ich weder einen vietnamesischen Pass noch einen Personalausweis, also bin ich rechtlich gesehen kein Vietnamese. Wenn man sich meine Schriften, meine Person und meine Dharma-Vorträge ansieht, erkennt man mehrere kulturelle Strömungen: französische, chinesische, indische, sogar amerikanisch indigene; so etwas wie eine vietnamesische Kultur gibt es nicht. Und ethnisch gesehen gibt es auch keine vietnamesische Ethnie; wenn man tief in mich hineinschaut, kann man melanesische, indonesische, mongolische und andere nicht vietnamesische Elemente erkennen. Jeder von uns trägt Elemente aus vielen anderen Kulturen und Ethnien in sich. Wir sind nicht »rein«. Dieses Wissen macht uns frei. Der Kosmos hat sich zusammengefunden, um uns zur Manifestation zu verhelfen. In uns findet sich der ganze Kosmos.

ACHTSAMKEIT IN JEDEM MOMENT

Es gibt Momente, in denen wir in der Lage sind, Intersein, das heißt die Nicht-Selbst-Natur in Menschen und Dingen zu erkennen. Aber in anderen Momenten vergessen wir das und fallen zurück in unsere Welt imaginärer Konstrukte. Kontinuierliche Praxis ist wichtig, damit die Blume des Erwachens dauerhaft auf dem Feld unseres Geistes blühen kann. Achtsamkeit kann all unsere Gedanken und Gefühle transformieren; jeder Geisteszustand ist empfänglich für die Energie der Achtsamkeit.

UNBESTÄNDIGKEIT

Obwohl wir intellektuell wissen, dass alle Dinge unbeständig, vergänglich sind, verhalten wir uns in unserem täglichen Leben so, als wären sie dauerhaft. Unbeständigkeit ist mehr als eine Idee; sie ist eine Praxis, die uns hilft, die Wirklichkeit zu berühren. Wir können unsere Einsicht in die Unbeständigkeit den ganzen Tag über nähren; jedes Phänomen kann uns die Natur der Unbeständigkeit offenbaren. Wir sollten lernen, uns ihrer bewusster zu werden. Sind wir bei guter Gesundheit und uns zugleich der Unbeständigkeit bewusst, werden wir gut für uns sorgen. Wissen wir, dass die Person, die wir lieben, unbeständig ist, werden wir sie umso mehr schätzen. Üben wir uns darin, achtsam für die Unbeständigkeit zu sein, werden wir präsenter und liebevoller. Die Unbeständigkeit lehrt uns, jeden Augenblick wertzuschätzen, ebenso wie all die kostbaren Dinge um uns herum und in uns.

NICHT-SELBST

So wie die Blume aus dem Sonnenlicht, der Erde, dem Regen und vielem anderen besteht, wissen wir, dass alles, auch wir selbst, nur aus Nicht-Selbst-Elementen besteht. Dank dieser Erkenntnis begreifen wir, dass Glück und Leid keine individuellen Angelegenheiten sind. Wir sehen die Natur der Verbundenheit aller Dinge. Wir sind imstande, mit der Weisheit der Nichtunterscheidung zu leben, die besagt, dass wir alle zum selben Lebensstrom gehören.

DER LÖWENZAHN WIRD UNSER LÄCHELN BEWAHREN

Unser Lächeln wird uns und den Menschen um uns herum Glück bringen. Selbst wenn wir unseren Familienmitgliedern immer wieder teure Geschenke machen, könnte nichts, was wir kaufen, ihnen so viel Glück bringen wie das Geschenk unseres Gewahrseins, unseres Lächelns. Und dieses kostbare Geschenk kostet nichts. Am Ende eines Retreats in Kalifornien schrieb eine Freundin dieses Gedicht:

Ich habe mein Lächeln verloren,
aber ich mache mir keine Sorgen.
Der Löwenzahn hat es.

Wenn wir unser Lächeln verloren haben, aber immer noch in der Lage sind, zu erkennen, dass ein Löwenzahn es für uns aufbewahrt, ist die Situation nicht allzu schlimm. Wir haben noch genügend Achtsamkeit, um zu sehen, dass das Lächeln da ist. Wir brauchen nur ein oder zwei Mal bewusst zu atmen und werden unser Lächeln wiederfinden. Der Löwenzahn ist ein Mitglied unserer Gemeinschaft von Freundinnen und Freunden. Er ist da, ganz treu, und bewahrt unser Lächeln für uns. In der Tat bewahrt alles um uns herum unser Lächeln für uns. Wir brauchen uns nicht isoliert zu fühlen. Wir müssen uns nur für die Unterstützung öffnen, die um uns herum da ist und die auch in uns ist. Wie die Freundin, die erkannte, dass der Löwenzahn ihr Lächeln bewahrte, können auch wir bewusst atmen und unser Lächeln wird zu uns zurückkehren.

WIR SIND ALLE MITEINANDER VERBUNDEN

Wenn wir uns der gegenseitigen Abhängigkeit allen Lebens bewusst sind, wissen wir, dass das Überleben der Entwicklungsländer nicht vom Überleben der materiell reichen, technisch fortgeschrittenen Länder getrennt werden kann. Armut und Unterdrückung führen zu Krieg, und in unserer Zeit sind alle Länder betroffen, wenn es irgendwo zu einem Krieg kommt. Das Schicksal eines jeden Landes ist mit dem Schicksal aller anderen verknüpft. Die einzige Möglichkeit, die Gefahr zu beenden, besteht darin, dass jeder von uns den anderen als Bruder und Schwester anerkennt. Wir sind alle Menschen, und unser Leben ist eins.

VOM LEIDEN LERNEN

Wenn wir uns tief mit dem Leiden auseinandersetzen, werden wir viele Dinge herausfinden können. Bei der Erforschung seiner Wurzeln können wir erkennen, mit welchen Konsumgewohnheiten wir es genährt haben, was wir von den vier Nährstoffen jeweils aufnehmen. Diese sind essbare Nahrung, Sinneseindrücke (was wir durch unsere Sinne wahrnehmen, Anblicke, Klänge usw.), unsere tiefsten Beweggründe und unser Denken. Vielleicht entdecken wir, dass unser Leiden nicht nur eine individuelle Manifestation ist, sondern eine kollektive, die das Leiden unserer Eltern, Vorfahren, unseres Volkes, unserer Nation und der ganzen Welt in sich trägt. Vielleicht wussten unsere Eltern oder Vorfahren nicht, wie sie mit ihrem Leiden umgehen und es umwandeln sollten, und so haben sie es an uns weitergegeben. Wenn wir tief genug zuhören, werden wir verstehen und weniger leiden.

UNSERE WELT

Viele von uns machen sich Sorgen über die Weltlage. Als Einzelne fühlen wir uns hilflos und verzweifelt. Die Situation ist so gefährlich, Ungerechtigkeit weit verbreitet, die Gefahr so nah. Wenn wir in einer solchen Situation in Panik geraten, wird alles nur noch schlimmer. Wir müssen ruhig bleiben, um klar zu sehen. Meditation bedeutet, aufmerksam zu sein und zu versuchen zu helfen. Nach dem Krieg verließen viele Menschen Vietnam und versuchten in kleinen, überfüllten Booten den Golf von Siam zu durchqueren. Oft gerieten sie in Stürme oder raue See. Die Menschen verfielen oft in Panik und es bestand dann die Gefahr, dass das Boot sank. Wenn jedoch eine Person an Bord klar und ruhig blieb und wusste, was zu tun und zu lassen war, konnte sie den Bootsinsassen zum Überleben verhelfen. Ihre Stimme und ihr Körper vermittelten Klarheit und Ruhe; die Menschen vertrauten ihr und folgten ihren Worten. Eine solche Person kann das Leben vieler retten. Unsere Welt ist so etwas wie ein kleines Boot. Verglichen mit dem Kosmos ist unser Planet ein sehr sehr kleines Boot. Wir sind vielleicht kurz davor, in Panik zu geraten, weil unsere Situation nicht besser ist als die des kleinen Bootes auf dem Meer. Die Menschheit ist zu einer sehr gefährlichen Spezies geworden. Wir brauchen Menschen, die still sitzen, die lächeln und friedlich gehen können, um uns zu retten. In meiner Tradition heißt es, dass du dieser Mensch bist, dass jeder von uns dieser Mensch ist.

WAS IST DAS WICHTIGSTE?

Der Samen der Achtsamkeit steckt in jedem von uns, aber wir vergessen meist, ihn zu gießen. Wir denken, dass Glück nur in der Zukunft möglich ist – wenn wir ein Haus, ein Auto oder einen Universitätsabschluss haben. Wir kämpfen in unserem Geist und unserem Körper und berühren nicht den Frieden und die Freude, die jetzt im blauen Himmel, in den grünen Blättern und in den Augen eines geliebten Menschen zu finden sind. Was ist das Wichtigste? Viele Menschen haben Prüfungen bestanden, Häuser und Autos gekauft und sind trotzdem unglücklich. Das Wichtigste ist, Frieden zu finden und ihn mit anderen zu teilen. Um Frieden zu finden, kann man damit beginnen, friedlich zu gehen. Alles hängt von unseren Schritten ab.

GEHMEDITATION

Gehmeditation bedeutet, gewahr zu sein und das Gehen zu genießen. Wir gehen nicht, um irgendwo anzukommen, sondern einfach nur, um zu gehen – um im gegenwärtigen Moment zu sein, unserer Atmung und unseres Gehens gewahr, und jeden Schritt zu genießen. Jedes Mal, wenn ich von einem Ort zum anderen gehe, praktiziere ich Gehmeditation – auch wenn die Entfernung nur fünf oder sechs Meter beträgt. Es gibt für mich keine andere Art und Weise zu gehen – nur achtsames Gehen. Das hilft mir sehr. Es ist transformativ, heilend und macht mir Freude.

AUF DER ERDE GEHEN

Die Apollo-Astronauten vermochten aus der Ferne Bilder von der Erde zu machen und sie uns zu senden. Zum ersten Mal konnten wir die ganze Erde in ihrer Schönheit sehen – eine Bastion des Lebens. Beim achtsamen Gehen haben wir die Möglichkeit, uns tief mit dem Planeten Erde zu verbinden und zu erkennen, dass die Erde unser Zuhause ist. Es ist wunderbar, das Gehen auf dem Planeten Erde zu genießen. Mutter Erde hat uns ins Leben gebracht und liefert alle Voraussetzungen für unser Überleben. Sie hat eine Umgebung geschaffen, in der sich Menschen entfalten und gedeihen können. Sie hat eine schützende Atmosphäre geschaffen, mit Luft, die wir atmen, mit Nahrung im Überfluss, die wir essen, und mit klarem Wasser, das wir trinken können. Sie nährt und beschützt uns fortwährend. Sie ist unsere Mutter und die Mutter aller Wesen.

AUF DEN SPUREN DES BUDDHA

Im Jahr 1968 reiste ich zum ersten Mal nach Indien. Ich wollte Bodhgaya besuchen, den Ort, an dem der Buddha die Erleuchtung erlangte. Ich flog von Neu-Delhi nach Patna, und als wir zur Landung ansetzten, hatte ich fünfzehn Minuten Zeit, die Landschaft unter mir genauer zu betrachten. Zum ersten Mal sah ich den legendären Fluss Ganges, und als ich hinunterblickte, konnte ich überall etwas von den Fußabdrücken des Buddha sehen. Das bewegte mich sehr. Der Buddha liebte es, zu Fuß zu gehen, und er verbrachte viel Zeit damit, am Fluss entlangzugehen und die dortigen Königreiche zu besuchen. Ich stellte mir den Buddha vor, wie er voller Würde, in Freiheit, Frieden und Freude ging. Fünfundvierzig Jahre lang zog er auf diese Weise umher, brachte seine Weisheit und sein Mitgefühl an viele Orte und teilte seine Praxis der Befreiung mit vielen Menschen – von den Mächtigsten bis zu den Menschen, die gesellschaftlich am meisten ausgegrenzt waren. Es gab damals keine Autos, Züge oder Flugzeuge. Er wanderte mit seinen Freunden, Schülerinnen und Schülern, besuchte vielleicht fünfzehn Königreiche in Indien und Nepal und lehrte dort, traf sich überall mit Menschen und half ihnen bei der Praxis. Als ich nach unten blickte, gelobte ich, Gehmeditation zu praktizieren, um die Spuren des Buddha in andere Teile der Welt zu bringen. Ich bin in der ganzen Welt herumgekommen und habe die Praxis der Gehmeditation an viele Menschen weitergegeben. Freunde und Freundinnen von mir, sowohl monastische als auch Laienpraktizierende, sind auf diese Weise auf allen fünf Kontinenten gegangen. Die Fußabdrücke des Buddha sind jetzt überall zu finden.

ACHTSAME SCHRITTE

Wir können überall achtsames Gehen genießen, wo auch immer wir sind. Jedes Mal, wenn wir achtsam einen Schritt setzen, beenden wir damit unsere Unachtsamkeit und kehren ins Leben zurück; wir berühren die Wunder des Lebens für unsere Heilung und Transformation. Es ist sehr schön, auch für die eigenen Eltern oder Großeltern zu gehen, die die Praxis des achtsamen Gehens möglicherweise nicht gekannt haben. Unsere Vorfahren haben vielleicht in ihrem ganzen Leben nicht die Chance gehabt, friedvolle, glückliche Schritte zu machen. Wir üben für alle Generationen unserer Vorfahren und Nachkommen.

ESSEN MIT FAMILIE, FREUNDINNEN UND FREUNDEN

Die Möglichkeit, mit unserer Familie und unseren Freundinnen und Freunden zusammenzusitzen und ein köstliches Mahl zu genießen, ist etwas Kostbares, das nicht jedem vergönnt ist. Mit anderen Menschen am Tisch zu sitzen ist eine wunderbare Gelegenheit, miteinander zu atmen und zu lächeln, voller Freundschaft und gegenseitigem Verständnis. Wenn Menschen, die zusammen essen, einander nicht anlächeln können, dann stimmt etwas nicht. Betrachten Sie das Essen so, dass es real wird und sich Ihre Verbindung mit der Erde darin zeigt. Jeder Bissen enthält das Leben der Sonne und der Erde. Das ganze Universum können wir in einem Stück Brot sehen und schmecken.

ACHTSAM ESSEN

Viele Menschen auf der Welt leiden an Hunger und Unterernährung. Wenn ich eine Schüssel Reis oder ein Stück Brot in der Hand halte, weiß ich, wie glücklich ich mich schätzen kann. Ich empfinde Mitgefühl für all die Menschen, die nichts zu essen haben und ohne Freunde oder Familie sind. Dies ist eine sehr tiefe Praxis. Wenn wir auf unseren Teller schauen, sehen wir Mutter Erde, die Bauern und in der Landwirtschaft Tätigen, sehen die Tragödie des Hungers und der Unterernährung. Achtsames Essen kann die Saat des Mitgefühls und des Verstehens reifen lassen, die uns dazu inspiriert, etwas zu tun, um hungrigen und einsamen Menschen zu helfen, satt zu werden und sich genährt zu fühlen.

DEM VERLETZTEN KIND IN UNS ZUHÖREN

In jedem und jeder von uns ist auch ein kleines, leidendes Kind. Wir alle haben als Kinder schwierige Zeiten durchlebt und viele von uns haben auch traumatische Erfahrungen gemacht. Um uns vor weiterem Leid zu schützen, versuchen wir, diese leidvollen Zeiten zu vergessen. Aber das verletzte Kind ist immer da und fordert unsere Aufmerksamkeit. Wir müssen uns ihm zuwenden, es zärtlich umarmen und ihm zuhören. Wir können mit dem Kind in der Sprache der Liebe sprechen und sagen: »Mein liebes Kind, ich weiß, dass du gelitten hast. Ich habe dich vernachlässigt. Das tut mir leid. Ich werde dich nicht mehr allein lassen.«

Wenn wir uns dem verletzten Kind zuwenden und ihm jeden Tag fünf oder zehn Minuten lang aufmerksam zuhören, wird Heilung geschehen. Wenn Sie spazieren gehen, den Sonnenuntergang betrachten oder einen schönen Berg besteigen, laden Sie das Kind ein, dies mit Ihnen zu genießen. Beim Sitzen können Sie sich an das Kind wenden mit den Worten: »Mein liebes Kind, ich weiß, dass du sehr verletzt wurdest. Aber wir sind jetzt erwachsen geworden. Nimm meine Hand und lass uns aus der Vergangenheit in die Gegenwart gehen.« Unsere Sangha kann helfen. Wir können uns gegenseitig helfen, aus dem Gefängnis der Vergangenheit oder der Zukunft befreit zu werden. Obwohl ich von meinen Eltern Liebe und Fürsorge erhalten habe, habe auch ich diese Praxis durchgeführt, und sie hat mir sehr geholfen.

KOMMUNIKATION WIEDERHERSTELLEN

Unsere Vorfahren haben vielleicht nicht gewusst, wie sie sich um ihr verletztes inneres Kind hätten kümmern können, also haben sie ihr verwundetes Kind an uns weitergegeben. Unsere Aufgabe besteht darin, diesen Kreislauf zu beenden. Die Menschen um uns herum, unsere Familie, unsere Freundinnen und Freunde, haben vielleicht auch ein sehr verletztes inneres Kind. Wenn wir es geschafft haben, uns selbst zu helfen, können wir auch anderen helfen. Wenn wir uns selbst geheilt haben, werden auch unsere Beziehungen zu anderen viel einfacher. In uns ist dann mehr Frieden und Liebe, und wir können zulassen, dass andere uns lieben. Früher waren wir vielleicht voller Misstrauen gegenüber allem und jedem. Mitgefühl hilft uns, mit anderen in Beziehung zu treten und die Kommunikation wiederherzustellen.

EIN STURM DER GEFÜHLE

Viele junge Menschen haben Schwierigkeiten, mit starken Emotionen umzugehen, und leiden sehr darunter. Manche begehen sogar Selbstmord, weil sie keine andere Möglichkeit sehen, die heftigen Gefühle zu bewältigen, als ihrem Leben ein Ende zu setzen. Gefühle können wie ein Sturm sein: Sie kommen, bleiben eine Weile und ziehen dann weiter. Wir sollten nicht wegen eines Gefühls sterben wollen. Eltern können ihren Kindern beibringen, mit ihren Gefühlen umzugehen und die Stürme leichter zu überstehen. Bei einem starken Gefühl sind wir wie ein Baum in einem großen Sturm. Wir bleiben mit unserer Aufmerksamkeit nicht oben in unserem Kopf, in den hohen Ästen, die vom Wind herumgewirbelt werden und brechen könnten. Wir gehen mit unserer Aufmerksamkeit hinunter in den Bauch, zum Stamm des Baumes, der stabil und tief in der Erde verwurzelt ist. Wir werden ruhiger und lassen uns nicht von Gedanken und Gefühlen mitreißen. Wir atmen tief in den Bauch hinein. Das ist nicht schwer. Auch Teenager und Kinder können das lernen. Wir sollten nicht auf starke Stürme warten, bevor wir mit der Übung beginnen. Wenn Sie mit Ihrem Kind zwei oder drei Wochen lang jeden Tag fünf oder zehn Minuten lang üben, wird die tiefe Bauchatmung für Ihr Kind zur Gewohnheit. Wenn starke Gefühle auftauchen, weiß der junge Mensch, was er zu tun hat. Er wird die Erfahrung machen, dass er sie überleben kann.

KINDER BRAUCHEN UNSER VERSTÄNDNIS

Wenn wir tief in unsere Kinder hineinschauen, sehen wir alle Elemente, die sie hervorgebracht haben. Sie sind so, wie sie sind, weil unsere Kultur, unsere Wirtschaft, unsere Gesellschaft und wir selbst so sind, wie wir sind. Wir können unseren Kindern nicht einfach die Schuld geben, wenn etwas schiefläuft; viele Ursachen und Bedingungen haben dazu beigetragen. Wenn Eltern sich in ihrem Alltag in Achtsamkeit und Mitgefühl üben, werden die Kinder ganz von selbst von ihnen lernen. Durch tiefes Zuhören und liebevolles Sprechen kann man die guten Samen in den Kindern gießen. Wenn wir wissen, wie wir uns selbst und unsere Gesellschaft verändern können, werden sich auch unsere Kinder verändern.

DEPRESSIONEN

Unser Leiden zu umarmen und anzunehmen, scheint das Gegenteil von dem zu sein, was wir tun wollen, besonders wenn das Leiden sehr groß ist, wie bei Depressionen. Depressionen sind heutzutage weit verbreitet. Sie können uns Frieden, Freude, Stabilität, ja sogar die Fähigkeit zu essen, uns zu bewegen oder einfache Aufgaben zu erledigen, nehmen. Eine Depression kann unüberwindbar scheinen, und wir glauben vielleicht, das Einzige, was wir tun könnten, sei, entweder vor ihr wegzulaufen oder ihr nachzugeben. Aber wenn wir unser tiefes Leiden erkennen und es ohne zu urteilen umarmen und annehmen, wird es sich von selbst beruhigen, und das gibt uns die Möglichkeit, es tief zu erforschen und herauszufinden, warum es uns heimgesucht hat. Das Leiden hat versucht, unsere Aufmerksamkeit zu erregen und uns etwas mitzuteilen, und jetzt können wir die Gelegenheit nutzen, zuzuhören. Wir können auch jemanden bitten, mit uns zu schauen – eine Lehrerin, einen Freund, eine Psychotherapeutin. Allein oder mit anderen zusammen können wir die Wurzeln des

Leids erforschen und herausfinden, mit welchen Nährstoffen und Konsumgewohnheiten wir unseren Kummer genährt haben. Wir können entdecken, wie wir den Kompost dieses Leidens in die Blumen des Verstehens, des Mitgefühls und der Freude verwandeln können.

DEN STURM ÜBERSTEHEN

Wenn wir nicht wissen, wie wir mit unserem inneren Leiden umgehen können oder mit dem Leiden um uns herum, glauben wir vielleicht manchmal, es wäre für uns besser, nicht mehr da zu sein. Selbstmord zu begehen ist ein Akt der Verzweiflung. Aber es ist nicht weise. Wir glauben vielleicht, nach dem Tod hörten wir auf zu sein. Aber das ist nicht wahr. Man lebt immer weiter, in vielerlei Weise. Das Leiden wird weitergehen, nicht nur für uns, sondern auch für die Menschen, denen wir etwas bedeuten. Wenn wir die Hoffnung verlieren, werden auch sie die Hoffnung verlieren.

Wenn es in unserer Familie eine solche Gewohnheitsenergie gibt, ist das ein Grund mehr zu praktizieren. Wenn wir über ein gutes Umfeld, eine gute Sangha, gute Freundinnen und Freunde verfügen, dann haben wir eine reelle Chance, mit der Art von Weisheit und Praxis in Berührung zu kommen, die uns helfen kann. Wir sollten nicht so tun, auch nicht aus Stolz, als ob alles in Ordnung wäre.

Stattdessen sollten wir den Mut aufbringen, uns

an die Sangha zu wenden und zu sagen: »Liebe Sangha, hier ist mein Schmerz, mein Kummer, meine Verzweiflung. Bitte helft mir, ihn zu erkennen und anzunehmen. Ich brauche dafür die kollektive Energie der Sangha.« Wenn wir die Gewohnheitsenergie beenden können, transformieren wir sie nicht nur für uns selbst, sondern für all unsere Vorfahren. Mit dieser Energie der Liebe und des Mitgefühls werden wir nichts mehr tun, das anderen Leiden zufügt. Üben wir uns im achtsamen Atmen, Gehen und Erkennen dieser Gewohnheitsenergie in uns. Sagen wir: »Hallo, meine Gewohnheitsenergie. Ich möchte, dass du nicht mehr da bist. Du bist schon seit langer Zeit meine Freundin. Ich werde dir helfen.« Umarmen wir sie, arbeiten wir mit ihr und transformieren wir sie. Wir brauchen nicht zu kämpfen. Wir müssen sie nur erkennen und ihr zulächeln. Die Einsicht, dass der Tod und das Leben einander wechselseitig durchdringen, sie inter sind, ist sehr wichtig.

ENTWURZELT

In unserer Gesellschaft lebt es sich nicht leicht. Wenn wir nicht aufpassen, können wir uns schnell entwurzelt fühlen, und dann werden wir nicht mehr dazu beitragen können, die Gesellschaft zu einem lebenswerteren Ort zu machen. Meditation ist eine Möglichkeit, uns zu helfen, in der Gesellschaft zu bleiben, und das ist sehr wichtig. Viele junge Menschen, die sich der buddhistischen Praxis zuwenden, kommen über die Psychologie, und sie suchen in der Meditationspraxis die Lösung für psychische Probleme. Nachdem ich viele Jahre in dieser Gesellschaft gelebt habe, weiß ich, dass es zahlreiche Dinge gibt, die mich wünschen ließen, mich zurückzuziehen, für mich zu sein. Aber meine Praxis hilft mir, in der Gesellschaft zu bleiben. Ich weiß, wenn ich die Gesellschaft verlasse, kann ich sie nicht verändern. Wir müssen unsere Füße auf der Erde lassen und in der Gesellschaft bleiben. Das ist unsere Hoffnung auf Frieden.

HEILUNG VON MISSBRAUCH IN DER KINDHEIT

Sind Sie ein Opfer von Missbrauch in der Kindheit geworden, ist es oft Ihr Bestreben, dass andere nicht so leiden, wie Sie es getan haben. Mit dem starken Wunsch zu helfen und der Entschlossenheit zu praktizieren, verwandeln Sie sich in einen Bodhisattva, eine Aktivistin, einen Friedensvermittler, und das heilt Sie sofort. Sie verwandeln Ihr Leiden in die Art von Einsicht, die Ihnen selbst, Ihren Freundinnen und Freunden und der Gesellschaft helfen wird. Üben Sie sich darin, tief zu schauen, und Sie werden erkennen, dass Ihre Eltern keine Chance hatten, weisen Lehren zu begegnen oder gute Freunde zu finden. In einem besseren Umfeld hätten sie sich vielleicht anders verhalten. Das gilt für alle Menschen.

Für diejenigen von uns, die Opfer von sexuellem Missbrauch wurden, gibt es die Lehre, dass Schlamm und Lotos tief miteinander verbunden sind und einander durchdringen, sie sind inter; wir machen keinen wertenden Unterschied, wir müssen beide akzeptieren. Es ist möglich, Schlamm in Lotos zu verwandeln. Vorstellungen wie Erzeugung und Zerstörung, Geburt und Tod, befleckt und unbefleckt sind nur Schöpfungen unseres Geistes. Die Lehre und Praxis von »weder befleckt noch unbefleckt« wird uns helfen können, die Vorstellung von Befleckung und Unreinheit zu überwinden. Alles ist unbeständig, alles verändert sich. Sie müssen diese Art von Leiden nicht ewig in sich tragen. Legen Sie das große Gelübde ab, ein oder eine Bodhisattva zu werden. Durch dieses tiefe Bestreben können Sie viel dazu beitragen, Kinder, junge Menschen und Paare vor sexuellem Missbrauch und sexuellem Fehlverhalten zu schützen, zum Beispiel durch Erziehung und Aufklärung. Ist Ihr Bestreben sehr stark, wird Sie das sofort heilen.

SICH BEFREIEN

Wenn wir uns als jemandes Opfer fühlen, leiden wir und neigen häufig in unserem Leben zu großer Passivität. Doch können wir uns auch aktiv verhalten und die Situation selbst in die Hand nehmen. Wenn wir uns selbst bemitleiden und uns als Opfer fühlen, fällt es uns schwer, ganz präsent zu sein und das zu tun, was wir tun wollen. Wir halten uns für das Opfer, aber in Wirklichkeit ist es die andere Person, sie ist ein Opfer ihres eigenen Leidens und ihrer Unwissenheit. Mit achtsamem Gewahrsein können wir zur Weisheit von Nicht-Selbst und Nicht-Unterscheidung gelangen. Diese Einsicht schützt uns. Sobald wir von dieser Energie und Weisheit erfüllt sind, werden wir nicht mehr leiden, und wir werden anderen Menschen kein Leid mehr zufügen.

ZUSAMMENLEBEN

Wenn wir mit einem anderen Menschen zusammenleben, sollten wir, um das Glück des anderen zu schützen, uns gegenseitig helfen, die inneren Knoten zu lösen, die wir gemeinsam erzeugen. Indem wir uns, um einander zu verstehen, in liebevollem Sprechen und tiefem Zuhören üben, können wir uns gegenseitig sehr helfen. Glück ist keine individuelle Angelegenheit. Wenn unser Gegenüber nicht glücklich ist, werden auch wir nicht glücklich sein.

Wenn wir friedlich sind, wenn wir glücklich sind, können wir lächeln und erblühen wie eine Blume, und jeder in unserer Familie, unsere gesamte Gesellschaft, wird von unserem Frieden profitieren.

NICHT-HANDELN

Liebe und Hass sind organischer Natur. Wir können so schnell wütend werden auf Menschen, die wir lieben, und wir können auch jemanden lieben, den wir zuvor gehasst haben. Wenn wir wütend sind, können wir uns selbst durch einige tiefe Atemzüge etwas Raum geben. Das bewahrt uns davor, etwas zu sagen oder zu tun, was wir später vielleicht bereuen. Wir erkennen, dass dieses Gefühl der Wut eine momentane Reaktion ist. Wenn wir dem Ein- und Ausatmen folgen und die Wut nicht durch unsere Wahrnehmungen nähren, wird sie sich beruhigen und vergehen. Wenn jemand etwas uns Herausforderndes sagt und wir daraufhin lächeln und zu unserer Atmung zurückkehren, dann wird dies eine lebendige Lehre sein, die andere zu berühren vermag. Manchmal können wir durch Nicht-Handeln mehr helfen, als wenn wir viel tun. Bleiben wir ruhig und besonnen, vermögen wir die Situation zu verändern.

LIEBEVOLLES SPRECHEN UND TIEFES ZUHÖREN

Uns allen sind Schmerz, Wut und Frustration nicht fremd und manchmal brauchen wir jemanden, der uns zuhört und der in der Lage ist, unser Leid zu verstehen. Bevor wir etwas sagen, sollte uns klar sein, was wir sagen wollen, und wir sollten auch um die Person wissen, an die sich unsere Worte richten. So werden wir nichts sagen, das ihr Leiden zufügt. Beschuldigungen und Streitereien sind Formen der Gewalt. Wenn wir sehr leiden, können unsere Worte schnell voller Bitterkeit sein, und das hilft niemandem. Wir müssen lernen, uns zu beruhigen und wie eine Blume zu werden, bevor wir sprechen. Das ist die Kunst des liebevollen Sprechens. Auch das Zuhören ist eine tiefe Übung. Wir hören so zu, dass wir das Leiden der anderen verstehen. Wir werden leer und lassen innerlich Raum entstehen, damit wir gut zuhören können. Wenn wir ein- und ausatmen und uns so erfrischen, vermögen wir in Stille dazusitzen und dem leidenden Menschen zuzuhören. Wenn Menschen leiden, brauchen sie jemanden, der ihnen aufmerksam zuhört, ohne zu urteilen oder zu reagieren. Wenn es da in ihrer Familie niemanden gibt, suchen sie sich vielleicht psychotherapeutische Hilfe. Allein tiefes Zuhören kann schon einen großen Teil des Schmerzes lindern. Dies ist eine wichtige Friedenspraxis. Wir müssen in unseren Familien und in unseren Gemeinschaften zuhören. Wir müssen allen zuhören, besonders denen, die wir als unsere Feinde betrachten. Wenn wir zeigen, dass wir imstande sind, zuzuhören und zu verstehen, wird auch unser Gegenüber uns zuhören, und wir werden so die Möglichkeit haben, auch ihm unseren Schmerz mitzuteilen.

HUNDERT JAHRE SPÄTER

Wenn Sie auf jemanden wütend sind, den Sie lieben, sollten Sie achtsam und mit geschlossenen Augen ein- und ausatmen und mit Ihrem Geist in die ferne Zukunft gehen. Ihr Körper und der Körper der Person, auf die Sie wütend sind, werden dann längst zu Staub geworden sein. Wenn wir sehen, dass unser Leben von so kurzer Dauer ist, werden wir nicht unsere Zeit damit verschwenden wollen, wütend aufeinander zu sein.

GLEICHMUT

Gleichmut ist ein wichtiges Element wahrer Liebe. Manche Menschen meinen, Gleichmut bedeute Gleichgültigkeit. Aber Gleichmut ist nicht kalt oder gleichgültig. Es bedeutet, unterschiedslos zu lieben und alle in die Liebe einzuschließen. Es bedeutet, die ganze Situation zu sehen, ohne Partei zu ergreifen. Wenn wir lieben, weil andere Lebewesen unsere Liebe brauchen, und nicht, weil jemand zu unserer Familie, unserer Nation oder Religion gehört, dann lieben wir unterschiedslos und praktizieren wahre Liebe.

ACHTSAMES KLASSENZIMMER, ACHTSAME GESELLSCHAFT

Viele Menschen leiden und wissen nicht, wie sie damit umgehen können. Oft beginnt dies schon in jungen Jahren. Wenn ein Schüler oder eine Schülerin stark leidet, kann er oder sie sich nicht konzentrieren und gut lernen. Schulen sollten Orte sein, an denen die Kinder lernen können, glücklich, liebevoll und verständnisvoll zu sein, und an denen Lehrende ihre Schülerinnen und Schüler durch eigene Einsichten und ihr Glück nähren. Es gibt nur sehr wenige Unterrichtseinheiten, die junge Menschen lehren, wie man lebt – wie man mit Wut umgeht, Konflikte versöhnlich löst, wie man atmet, lächelt und schwierige Gefühle verarbeitet. Wir können unser Klassenzimmer in eine Familie verwandeln, in der Lehrende und die Schüler und Schülerinnen in einer guten Beziehung zueinander stehen. Für ein Kind, das zu Hause Schwierigkeiten hat, sind solche Lehrerinnen und Lehrer und ein solches Klassenzimmer eine zweite Chance. Gemeinsam müssen wir die öffentlichen Einrichtungen schaffen, die wir für unser kollektives Erwachen brauchen.

WIR SELBST SEIN

Schön zu sein bedeutet, man selbst zu sein. Wir brauchen nicht von anderen akzeptiert zu werden. Wir müssen uns selbst akzeptieren. Wenn wir als Lotos geboren wurden, sollten wir eine schöne Lotosblume sein und nicht versuchen, eine Magnolie zu sein. Wenn wir uns nach Akzeptanz und Anerkennung sehnen und versuchen, uns so zu verändern, dass wir uns dem anpassen, was andere Menschen von uns erwarten, werden wir unser ganzes Leben lang leiden. Wahres Glück und wahre Kraft liegen darin, sich selbst zu verstehen, sich selbst zu akzeptieren und sich selbst zu vertrauen.

ZWEI ASPEKTE DER HOFFNUNG

Hoffnung ist wichtig, weil sie die Gegenwart erträglicher macht. Wenn wir glauben, dass es morgen besser sein wird, können wir heute eine schwierige Situation leichter ertragen. Aber das ist auch schon alles, was die Hoffnung für uns tun kann. Wenn ich gründlich über das Wesen der Hoffnung nachdenke, erkenne ich auch etwas Tragisches in ihr: Da wir uns an unsere Hoffnung auf Zukünftiges klammern, konzentrieren wir unsere Energien und Fähigkeiten nicht auf den gegenwärtigen Augenblick. Wir benutzen die Hoffnung, um zu glauben, dass in der Zukunft etwas Besseres passieren wird, dass dann Frieden herrschen wird. Die Hoffnung wird so aber zu einer Art Hindernis. Wenn es Ihnen gelingt, nicht zu hoffen, können Sie sich ganz auf den gegenwärtigen Augenblick konzentrieren und die Freude entdecken, die bereits da ist.

Ich meine nicht, dass man keine Hoffnung haben sollte, aber Hoffnung ist nicht genug. Wenn wir in der Energie der Hoffnung verweilen, werden wir uns nicht vollständig dem gegenwärtigen Moment zuwenden. Wenn wir diese Energie umleiten, um uns bewusst zu machen, was im gegenwärtigen Moment vor sich geht, kann uns ein Durchbruch gelingen und wir entdecken Freude und Frieden direkt im gegenwärtigen Moment. Der inspirierende Führer der Friedensbewegung A. J. Muste sagte: »Es gibt keinen Weg zum Frieden, Frieden ist der Weg.« Wir können Frieden direkt im gegenwärtigen Moment mit unserem Blick, unserem Lächeln, unseren Worten und unserem Handeln verwirklichen. Friedensarbeit bedeutet, dass jeder Schritt, den wir tun, Frieden, Freude und Glück ausdrücken sollte. Wir können lächeln und uns entspannen. Alles, was wir wollen, ist genau hier im gegenwärtigen Moment.

ATMEN UND LÄCHELN, WO IMMER WIR SIND

Unsere Sinne sind unsere Fenster zur Welt, und manchmal weht der Wind durch sie hindurch und bringt alles in uns durcheinander. Manche von uns lassen ihre Fenster ständig offen und ermöglichen so, dass die Anblicke und Geräusche der Welt in sie eindringen und sie durchdringen.

Wenn wir das Bedürfnis verspüren, uns zu verlangsamen und zu uns selbst zurückzufinden, brauchen wir dafür keinen besonderen Ort. Wo immer wir sind, wenden wir uns uns selbst zu und üben uns in bewusstem Atmen. Egal, ob wir im Büro oder im Auto sitzen, auf einem belebten Markt stehen oder in der Schlange bei einer Bank warten – wenn wir uns erschöpft fühlen und zu uns zurückkehren müssen, können wir uns im bewussten Atmen und Lächeln üben.

EINE PRAXISGEMEINSCHAFT

Wenn man einen Stein in den Fluss wirft, wird er, egal wie klein er ist, auf den Grund sinken. Aber mit einem Boot kann man viele Steine über Wasser halten. Wenn wir allein sind, können wir leicht im Fluss des Leidens versinken, aber wenn wir in einer Praxisgemeinschaft sind und zulassen, dass sie unseren Schmerz und unser Leid umarmt, werden wir schwimmen. Viele von uns haben schon von der starken kollektiven Energie der Sangha profitiert.

Stellen wir uns vor, ein Wassertropfen auf dem Weg zum Ozean zu sein. Alleine könnten wir unterwegs verdunsten. Aber wenn wir uns von der Sangha gehalten fühlen und mitnehmen lassen, werden wir als Teil des Flusses sicher am Ozean ankommen. In einer Sangha sind wir wie ein Wassertropfen im Fluss. Unser Schmerz, unser Kummer und unser Leiden werden anerkannt, umarmt und angenommen.

EINE GELIEBTE GEMEINSCHAFT AUFBAUEN

Ich traf Dr. Martin Luther King jr. 1966 in Chicago zum ersten Mal persönlich. Ich hatte das Gefühl, mich in der Gegenwart eines Heiligen zu befinden. Wir waren beide jung und gehörten der Fellowship of Reconcilation an, die Gruppen hilft, Konflikte friedlich beizulegen. Wir tranken zusammen Tee und gingen dann zu einer Pressekonferenz. Damals sprach sich Dr. King zum ersten Mal gegen den Vietnamkrieg aus. Wir verbanden unsere Bemühungen, uns für den Frieden in Vietnam und für die Bürgerrechte in den USA einzusetzen. Wir waren uns einig, dass der wahre Feind des Menschen nicht der Mensch ist, sondern die Wut, der Hass und die Diskriminierung in den Herzen und Köpfen der Menschen. Wir trafen uns erneut 1967 in Genf auf der Konferenz »Pacem in Terris« wieder, die vom Ökumenischen Rat der Kirchen organisiert worden war.

Dort setzten wir unsere Diskussion über Frieden, Freiheit und Gemeinschaft fort. Wir waren uns einig, dass wir ohne eine Gemeinschaft nicht sehr weit kommen können. Ohne eine glückliche, harmonische Gemeinschaft werden wir nicht in der Lage sein, unseren Traum zu verwirklichen. Ich sagte zu ihm: »Martin, in Vietnam nennen sie dich einen Bodhisattva, ein erleuchtetes Wesen, das versucht, anderen Lebewesen zum Erwachen zu verhelfen.« Ich bin froh, dass ich die Gelegenheit hatte, ihm das zu sagen, denn ein paar Monate später wurde er ermordet. Als ich die Nachricht hörte, war ich gerade in New York. Ich war am Boden zerstört, konnte weder essen noch schlafen. Ich habe mir fest vorgenommen, die geliebte Gemeinschaft, von der er so oft gesprochen hat, weiter aufzubauen, nicht nur für mich, sondern auch für ihn. Ich habe getan, was ich versprochen habe, und ich habe, glaube ich, immer seine Unterstützung dabei gespürt.

DIE KOLLEKTIVE ENERGIE DER PRAXIS

Wenn wir gemeinsam als Gruppe praktizieren, erzeugen wir eine kollektive Energie der Achtsamkeit und des Friedens, die uns und unsere Kinder heilen und nähren kann. Wenn wir gemeinsam praktizieren, haben wir die Möglichkeit, die kraftvolle, kollektive Energie der Achtsamkeit, des Mitgefühls, der Konzentration, der Einsicht und der Freude zu erzeugen, die helfen kann, die Welt zu verändern. Wir brauchen nicht mehr Geld, Ruhm oder Reichtum, um glücklich zu sein. Allein dadurch, dass wir diese Energien erzeugen, können wir Freiheit und Glück für uns selbst und für viele Menschen um uns herum schaffen. Wir haben die Chance, zusammen zu sein. Wenn wir von einem Ort zum anderen gehen, warum genießen wir dann nicht jeden Schritt? Dafür sind wir da. Schenken wir uns mit jedem Schritt Wohlbehagen, Freude und Freiheit.

LEERHEIT

Leerheit, Zeichenlosigkeit und Absichtslosigkeit sind die Schlüssel, um die Tür zur Wirklichkeit aufzuschließen. Sie sind drei wesentliche Kontemplationen, die uns von unseren falschen Ansichten befreien, sodass wir tief und vollständig leben können und dem Sterben und dem Tod ohne Angst, Wut oder Verzweiflung begegnen werden. Zu sagen, dass etwas leer ist, bedeutet nicht, dass es nicht existiert. Leerheit bedeutet nicht Nichtvorhandensein. Es bedeutet, dass etwas voll von allem ist, außer von einer Sache: einem eigenen Selbst. Das Verb »sein« kann irreführend sein, denn wir können nicht nur für uns allein sein. »Sein« bedeutet immer »inter-sein«. Eine Blume ist voll von allem im Kosmos. Sie ist nur von einer Sache leer: einer eigenständigen Existenz. Wir sind miteinander verbunden und durchdringen einander, wir sind inter und mit allem Leben verbunden.

ZEICHENLOSIGKEIT

Eine Blume nur als Blume zu sehen und nicht den Sonnenschein, die Wolken, die Erde, die Zeit und den Raum in ihr bedeutet, in dem Zeichen »Blume« gefangen zu sein. Wenn wir die Natur des Interseins der Blume berühren, sehen wir wirklich die Blume. Wenn wir einen Menschen betrachten und nicht gleichzeitig auch seine Gesellschaft, Erziehung, Vorfahren, Kultur und sein Umfeld, haben wir ihn nicht wirklich gesehen. Stattdessen sind wir auf das Zeichen dieser Person hereingefallen, auf ihre äußere Erscheinung, auf den Anschein, sie sei ein eigenständiges Selbst. Wenn wir diese Person in ihrer Tiefe sehen können, berühren wir den ganzen Kosmos und lassen uns nicht von Äußerlichkeiten täuschen.

ABSICHTSLOSIGKEIT

Wenn wir ein Ziel vor Augen haben, können wir dem unser ganzes Leben lang nachrennen, und das Glück wird sich niemals einstellen. Glück wird nur möglich sein, wenn wir aufhören zu rennen, wenn wir innehalten und den gegenwärtigen Moment und das, was wir sind, wertschätzen. Wir brauchen nicht jemand anderes zu sein; wir sind bereits ein Wunder des Lebens. Im Westen sind die Menschen sehr zielorientiert und vergessen oft, auf ihrem Weg Freude zu empfinden. Absichtslosigkeit bedeutet, dass wir nicht etwas vor uns stellen und ihm hinterherlaufen, denn alles ist schon da, in uns selbst. Wenn wir Gehmeditation praktizieren, versuchen wir nicht, irgendwo anzukommen. Wir machen nur friedvolle, glückliche Schritte. Wenn wir ständig an die Zukunft denken, an das, was wir verwirklichen wollen, werden wir unsere Schritte verlieren. Das Gleiche gilt für die Sitzmeditation. Wir sitzen nur, um das Sitzen zu genießen; wir sitzen nicht, um irgendein Ziel zu erreichen. Jeder Augenblick der Sitzmeditation bringt uns zurück ins Leben, und wir sitzen so, dass wir das Sitzen die ganze Zeit genießen. Ob wir nun eine Mandarine essen, eine Tasse Tee trinken oder Gehmeditation machen, wir sollten es auf eine Weise tun, die »absichtslos« ist.

EINE MITFÜHLENDE GESELLSCHAFT

In einer Zivilisation, in der Technologie für den Erfolg entscheidend ist, bleibt wenig Raum für Mitgefühl. Aber wenn wir tief über das Leben meditieren, können wir uns sogar mit Ameisen und Raupen identifizieren. Die Gesellschaft können wir nur durch einen vollständigen Bewusstseinswandel verändern. Wir müssen die Natur wechselseitiger Abhängigkeit der Wirklichkeit zutiefst erkennen und unsere gewohnte, die Wirklichkeit fragmentierende Sichtweise aufgeben. Wenn wir die Meditation über wechselseitige Abhängigkeit eine Weile praktizieren, werden wir mit der Zeit eine Veränderung in uns selbst bemerken. Unser Blickwinkel wird sich weiten, und wir werden feststellen, dass wir alle Lebewesen mit Mitgefühl betrachten. Der Groll und der Hass, die wir für so massiv hielten, werden sich allmählich auflösen, und wir werden feststellen, dass wir für jedes einzelne Wesen Sorge tragen wollen. Vor allem aber werden wir keine Angst mehr vor Leben und Tod haben.

FURCHTLOSIGKEIT

In buddhistischen Texten ist von drei Arten von Geschenken die Rede: von den materiellen Ressourcen, dem Dharma (der Weitergabe spiritueller Lehren) und von der Furchtlosigkeit. Furchtlosigkeit ist das größte Geschenk, das wir anderen machen können. Nichts ist wertvoller. Aber wir können dieses Geschenk nicht anbieten, wenn wir es nicht selbst haben. Haben wir in unserer Praxis die tiefste Dimension der Wirklichkeit berührt, können auch wir das Lächeln der Bodhisattvas der Furchtlosigkeit lächeln. Wie sie brauchen wir nicht vor unserem Leiden wegzulaufen. Wir müssen nicht irgendwo anders hingehen, um Erleuchtung zu erlangen. Wir sehen, dass Leiden und Erleuchtung eins sind. Wenn wir einen verblendeten Geist haben, sehen wir nur Leiden. Aber mit einem wahren Geist gibt es Leiden nicht mehr. Es gibt nur noch Erleuchtung. Wir haben keine Angst mehr vor Geburt und Tod, denn wir haben die Natur des Interseins berührt. Bodhisattvas sind frei von Furcht, und sie können vielen Menschen helfen.

Wenn wir erkennen, dass Kummer
nichts anderes als Erleuchtung ist,
können wir in Frieden auf den Wellen von Geburt
und Tod reiten.
In einem Boot des Mitgefühls
auf dem Ozean der Verblendung reisend,
lächeln wir das Lächeln der Furchtlosigkeit.

WIE EINE WOLKE

Solange der Mensch, den wir lieben, ganz lebendig und bei uns ist, sollten wir uns bewusst sein, dass er wie eine Wolke ist. Auch wir sind wie eine Wolke und befinden uns auch nicht vollständig in diesem Körper, denn jeden Tag produzieren wir Gedanken, Worte und Handlungen, die unabhängig von uns weitergehen; sie sind unsere Fortführung. Sogar wenn sich die Wolke noch am Himmel befindet, können wir ihre Fortführung sehen – als Regen, Schnee oder Hagel. In der Meditation können wir erkennen, dass wir nicht nur in unserem Körper sind, sondern auch außerhalb von ihm. Ich kann mich nicht nur in diesem Körper sehen, sondern auch in dem meiner Freunde, meiner Schülerinnen und Schüler, meiner Arbeit, in vielen Dingen.

Ich werde auch weiterhin sein.
Aber ihr müsst sehr genau hinschauen, um mich zu sehen.
Ich werde eine Blume sein, ein Blatt oder eine Wolke.

In diesen Formen werde ich sein und euch grüßen.
Wenn ihr aufmerksam genug seid, werdet ihr mich erkennen
und werdet mir zulächeln.
Und ich werde sehr glücklich sein.

FORTFÜHRUNG

Die Heilung unseres Körpers und Geistes muss mit der Heilung der Erde einhergehen. Diese Art der Erleuchtung ist entscheidend für ein kollektives Erwachen. Achtsam zu sein ist ein Akt des Erwachens. Wir müssen aufwachen und erkennen, dass die Erde in Gefahr ist, dass alle Lebewesen in Gefahr sind. Achtsamkeit und ein tiefes Gewahrsein für die Erde können uns helfen, mit Schmerz, schwierigen Gefühlen und Emotionen umzugehen.

Glück und Leid liegen nah beieinander. Wir sollten also keine Angst vor Leiden haben. Wir wissen, wie wir damit umgehen, wie wir es nutzen können, um Glück zu schaffen. Wir sprechen von der Güte des Leidens. Deshalb können wir diese Welt mit ganzem Herzen annehmen. Wir brauchen nirgendwo anders hinzugehen. Dies ist unser Zuhause. Wir wollen uns immer und immer wieder manifestieren, um dieses Zuhause durch gute Taten zu verschönern.

ÜBUNGEN ZUM LÄCHELN

DER TAG BEGINNT

Ich wache auf am Morgen und lächle.
Vierundzwanzig brandneue Stunden liegen vor mir.
Ich gelobe, jeden Augenblick ganz bewusst zu leben
und alle Wesen mit den Augen des Mitgefühls zu betrachten.

Jeden Morgen, wenn wir aufwachen, haben wir vierundzwanzig brandneue Stunden vor uns zu leben. Was für ein kostbares Geschenk! Wir können diese Stunden auf eine Weise leben, die uns selbst und anderen Frieden, Freude und Glück bringt. Wir können lächeln, atmen, gehen und unsere Mahlzeiten so einnehmen, dass wir mit der Fülle des Glücks in Berührung kommen, die uns zur Verfügung steht. Gibt es eine bessere Art, den Tag zu beginnen, als mit einem Lächeln? Unser Lächeln bekräftigt unser Gewahrsein und unsere Entschlossenheit, in Frieden und Freude zu leben. Die Quelle eines echten Lächelns ist ein erwachter Geist. Um beim Aufwachen daran zu denken zu lächeln, können wir uns eine Erinnerungsstütze – zum Beispiel einen Zweig, ein Blatt, ein Bild oder einige inspirierende Worte – ins Fenster oder an die Decke über dem Bett hängen, damit wir sie beim Aufwachen bemerken. Ein Lächeln hilft uns, den Tag mit Sanftmut und Verstehen anzugehen.

GEHMEDITATION

Im täglichen Leben gibt es so viel zu tun und so wenig Zeit. Vielleicht fühlen Sie sich unter Druck gesetzt, immerzu hierhin und dorthin zu hetzen. Halten Sie einfach inne. Berühren Sie tief den Boden des gegenwärtigen Augenblicks, und Sie werden wahren Frieden und echte Freude empfinden. Die Gehmeditation ist eine wunderbare Möglichkeit, um zu uns selbst zurückzufinden. Wir gehen mit Anmut und Würde. Jeder Schritt ist Leben.

Achten Sie beim Gehen auf eine natürliche Atmung und darauf, wie viele Schritte Sie bei jedem Ein- und Ausatmen machen. Vielleicht bemerken Sie, dass Ihre Ausatmung länger ist als Ihre Einatmung; vielleicht machen Sie drei Schritte bei Ihrer Einatmung und vier Schritte bei Ihrer Ausatmung. Wenn Sie bergauf oder bergab gehen, wird sich die Anzahl der Schritte pro Atemzug ändern. Folgen Sie immer den Bedürfnissen Ihrer Lunge.

Gehen Sie allein, können Sie sich im langsamen Gehen üben, indem Sie beim Einatmen einen Schritt und einen Schritt beim Ausatmen machen.

Richten Sie Ihre Aufmerksamkeit auf Ihre Fußsohle und kommen Sie bei jedem Schritt vollständig an. Wenn Sie in einem Park oder in Ihrer Nachbarschaft spazieren gehen, können Sie so gehen, dass andere nicht einmal bemerken, dass Sie üben. Treffen Sie unterwegs jemanden, lächeln Sie einfach und gehen Sie weiter.

Wir können auf dem Planeten Erde mit dem gleichen Respekt und der gleichen Ehrfurcht gehen, wie wir es an jedem heiligen Ort tun würden. Achtsame Schritte haben die Macht, unser Leben zu retten, uns aus dem Zustand der Entfremdung, in dem wir häufig leben, zu befreien und uns wieder mit uns selbst und der Erde zu verbinden. Ein Halblächeln bringt Ruhe und Freude in Ihre Schritte und Ihren Atem und hilft Ihnen, die Aufmerksamkeit aufrechtzuerhalten.

GEGENWÄRTIGER MOMENT, WUNDERBARER MOMENT

Unsere Atmung ist die Verbindung zwischen unserem Körper und unserem Geist. Manchmal denkt unser Geist an eine Sache und unser Körper tut etwas anderes, und Geist und Körper sind nicht vereint. Indem wir uns auf unsere Atmung konzentrieren, bringen wir Körper und Geist wieder zusammen und werden ganz.

Atmen ist eine Freude, die ich nicht missen möchte. Jeden Tag übe ich bewusstes Atmen. Ich habe den Satz »Atme, du bist lebendig« kalligrafiert, und er hängt an der Wand in meinem kleinen Meditationsraum. Einfach nur zu atmen und zu lächeln kann uns sehr glücklich machen, denn wenn wir bewusst atmen, kommen wir ganz zu uns und begegnen dem Leben im gegenwärtigen Moment.

In unserer hektischen Gesellschaft ist es ein großes Glück, von Zeit zu Zeit bewusstes Atmen zu üben. Wir können dies tun, wo immer wir sind, zu jeder Tageszeit. Zur Unterstützung können Sie die folgenden vier Zeilen still rezitieren, während Sie ein- und ausatmen:

Einatmend beruhige ich meinen Körper.
Ausatmend lächle ich.
Im gegenwärtigen Moment verweilend, weiß ich,
dies ist ein wunderbarer Moment!

»Einatmend beruhige ich meinen Körper.« Diesen Satz zu rezitieren ist, als trinke man an einem heißen Tag ein Glas kaltes Wasser – man spürt, wie die Kühle den Körper durchdringt. Wenn ich einatme und diese Zeile rezitiere, spüre ich tatsächlich, wie mein Atem meinen Körper und meinen Geist beruhigt.

»Ausatmend lächle ich.« Sie wissen, dass ein Lächeln Hunderte von Muskeln in Ihrem Gesicht entspannen kann. Ein Lächeln ist ein Zeichen dafür, Herr seiner selbst zu sein.

»Im gegenwärtigen Moment verweilend.«

Während ich hier sitze, denke ich an nichts anderes. Ich weiß genau, wo ich bin.

»Ich weiß, dies ist ein wunderbarer Moment.« Es ist eine Freude, stabil und entspannt zu sitzen und zu unserem Atem, unserem Lächeln, unserer wahren Natur zurückzukehren. Unsere Verabredung mit dem Leben findet im gegenwärtigen Moment statt. Wenn wir jetzt keinen Frieden und keine Freude haben, wann dann? Was hindert uns daran, gerade jetzt glücklich zu sein? Während Sie Ihrem Atem mit Ihrem Gewahrsein folgen, können Sie im Stillen sagen:

Beruhigen.
Lächeln.
Gegenwärtiger Moment.
Wunderbarer Moment.

TIEFENENTSPANNUNG

Die Praxis der Tiefenentspannung ist eine gute Möglichkeit, das Leiden in Körper und Geist anzuerkennen, zu lindern und zu heilen. Geist und Körper sind nicht voneinander getrennt. Wir halten unser Leiden in unserem Körper fest. Wenn unser Körper ruhig und entspannt ist, kommt auch unser Geist zur Ruhe. Sie können sich selbst oder andere bei einer Tiefenentspannungsübung anleiten. Eine vollständige Übung kann dreißig Minuten dauern, aber während einer Pause fünf oder zehn Minuten Tiefenentspannung zu machen kann auch schon Körper und Geist entspannen. Es ist wichtig, jeden Tag eine Tiefenentspannung durchzuführen.

Legen Sie sich auf den Rücken (oder setzen Sie sich auf einen Stuhl). Schließen Sie die Augen. Legen Sie Ihre Arme seitlich neben den Körper. Atmen Sie ein und aus, spüren Sie, wie Sie in den Boden einsinken, lassen Sie alle Spannungen und Sorgen los und halten Sie sich an nichts mehr fest. Achten Sie auf das Heben und Senken Ihres Bauches beim Ein- und Ausatmen.

Jetzt beginnen wir, die Spannungen im Körper

wahrzunehmen und zu lösen. Wir werden uns jedes Teils unseres Körpers bewusst, von unserem Kopf bis zu unseren Zehen, und bringen jedem Teil Liebe und Entspannung entgegen. Zum Beispiel: »Beim Einatmen bin ich mir meiner Augen bewusst. Beim Ausatmen lächle ich meinen Augen mit Dankbarkeit und Liebe zu.« Fahren Sie mit dem Ein- und Ausatmen fort, während Sie sich Zeit für Ihre Augen nehmen. »Einatmend bin ich mir meiner Schultern bewusst. Ausatmend lasse ich alle Spannungen in den Boden abfließen.« »Einatmend bin ich mir meines Herzens bewusst. Ausatmend lächle ich meinem Herzen mit Liebe zu. Mein Herz ist für mein Wohlbefinden sehr wesentlich. Es arbeitet ununterbrochen und nährt alle Zellen in meinem Körper. Ich bin meinem Herzen dankbar, aber ich habe Dinge getan, die ihm geschadet haben. Ich bin nicht gut zu meinem Herzen gewesen.« Diese Art von Einsicht kann transformativ und heilsam sein. Bringen Sie Ihr Bewusstsein auf diese Weise zu allen Organen, allen Teilen des Körpers.

Senden Sie Körperstellen, die sich schmerzhaft anfühlen, Ihre Liebe, lächeln Sie ihnen zu und erlauben Sie ihnen, sich auszuruhen. Machen Sie sich bewusst, dass es andere Körperteile gibt, die noch stark und gesund sind und die helfen können, die schwächeren Bereiche zu unterstützen und zu heilen.

Wenn Sie den Körperscan beendet haben, atmen Sie ein und aus und genießen Sie das Gefühl, dass Ihr ganzer Körper entspannt und ruhig ist. Lächeln Sie Ihrem ganzen Körper zu und senden Sie ihm Liebe und Mitgefühl.

Dehnen Sie sich zum Schluss langsam und öffnen Sie Ihre Augen. Nehmen Sie sich Zeit, um wieder ins Sitzen zu kommen, und stehen Sie dann sanft und langsam auf.

THICH NHAT HANH

DER DUFT VON PALMENBLÄTTERN

Erinnerungen an schicksalhafte Jahre

»Anrührend und ganz persönlich.
Ein Buch, das zeigt, wie der Samen für Thich Nhat Hans bedeutende Weisheit gelegt wurde.«
Jack Kornfield

Wie wurde Thich Nhat Hanh zu einem spirituellen Meister? Was sind die Schlüsselereignisse in seinem Leben? Nirgendwo werden diese Fragen so deutlich beantwortet wie in Der Duft von Palmenblättern. Die Tagebücher Thich Nhat Hanhs aus den Sechzigerjahren erzählen von dem Kontrast von Gewalt und Krieg in Vietnam und der Konsumgesellschaft in den USA. Vor allem lebt dieser wundervolle Text aber von den berührenden und poetischen Passagen über seine ganz menschlichen Gefühle und seine außerordentlichen spirituellen »Durchbrüche«. Der einzigartige Weg des jungen buddhistischen Mönchs und seine Suche nach spiritueller Befreiung und authentisch gelebter Friedfertigkeit beginnt genau hier.

O.W. BARTH

THICH NHAT HANH

VERSÖHNUNG MIT DEM INNEREN KIND

Von der heilenden Kraft der Achtsamkeit

Der buddhistische Weg zur
Aussöhnung mit sich selbst

Das innere Kind steht für alle tief empfundenen, oft verdrängten Gefühle aus der Kindheit wie Angst, Wut oder Trauer, die Ausdruck innerer Verletzungen sind. Thich Nhat Hanh zeigt, wie durch die Praxis der Achtsamkeit das innere Kind geheilt werden kann. Negative Selbstbilder und Emotionen können überwunden werden, indem wir sie bewusst wahrnehmen und durch Atemmeditation transformieren. Auf diese Weise versöhnen wir uns nicht nur tief mit uns selbst und unserem Leben, sondern auch mit allen Menschen, die uns in der Vergangenheit Leid zugefügt haben.

»Achtsamkeit kann uns dabei helfen,
wieder zu kommunizieren,
vor allem mit uns selbst.«
THICH NHAT HANH

O.W. BARTH

THICH NHAT HANH

EINFACH PRÄSENT

Die Basics der Achtsamkeit vom großen Zen-Meister Thich Nhat Hanh

Viele Menschen erfahren Überforderung, Erschöpfung und Konzentrationsmangel. Der Schlüssel zu einer inneren Stabilität heißt Achtsamkeit. Denn wie Thich Nhat Hanh in diesem Ratgeber erklärt, bringt das Praktizieren von Achtsamkeit Konzentration und Präsenz, und dies wiederum führt zu Einsicht, Verständnis und Glück. Er erklärt in seinem Buch unter anderem die fünf universellen mentalen Formationen, die in unserem Gehirn einen neuronalen Pfad bilden und die ganze Zeit über aktiv sind: Kontakt, Gefühl, Aufmerksamkeit, Wahrnehmung und Wille. Sie bilden eine Abfolge, wobei eine mentale Formation zur nächsten führt, und der gesamte Prozess kann in weniger als einer Sekunde stattfinden. Dieser neuronale Pfad kann uns zu einer gewohnheitsmäßigen Reaktion führen oder, wie Thich Nhat Hanh zeigt, durch den Einfluss von Achtsamkeit und Einsicht, einen neuen neuronalen Pfad schaffen, der zu Verständnis und Mitgefühl, Glück und Heilung führt. Die einfachen Meditationsanleitungen und Achtsamkeitsübungen des Zen-Meisters helfen, besser mit sich selbst und dem Leben zurechtzukommen. Dieser hübsch gestaltete Achtsamkeitsratgeber im Taschenformat zeigt uns, wie wichtig es ist, innezuhalten und präsent zu sein, damit wir falsche Wahrnehmungen loslassen können und Klarheit und Stärke in uns selbst finden.

O.W. BARTH